미로 찾기

초급편

차례

기다려!	3	등대 고치기	24	사탕 먹기	47
통나무 다리	4	두더지 집	25	겁쟁이 하마	48
우유 가져오기	5	너구리 가족	26	소방관과 호스	49
미로 정원	6	안전한 집	28	카누 여행	50
개미집	8	아홉 개의 방	29	바다 밑 세상	51
잔디 깎기	9	수도 파이프	30	야영하기	52
누가 일등이지?	10	얼음 미로	31	도마뱀과 연잎 다리	53
양말 세탁	11	늪지대	32	모자는 어디에?	54
즐거운 피크닉	12	집을 찾아가요	34	닭장까지	55
이상한 흔적	13	아이스크림 미로	35	외양간 가는 길	56
블록 미로	14	길을 잃었어요!	36	말썽쟁이 살쾡이	57
원숭이 찾기	15	불을 켜요!	38	스노보드 타기	58
꿀벌들의 비행	16	보물 상자	39	출발, 오스카!	59
비 오는 날	17	루비의 튜브	40	우주 기지	60
구멍 찾기	18	귀여운 고양이	41	시계 미로	61
깡충깡충	19	행운을 찾아	42	멈추지 마!	62
미로 마트	20	안전한 착륙	43	해파리	63
치약 짜기	21	태피 그릇 찾기	44	발자국과 사물함	64
창고까지	22	따뜻한 집으로	45	여왕개미는 어디 있죠?	65
알파벳 목걸이	23	바나나 따기	46		

기다려!

오리들이 점심을 먹으러 가요. 아기 오리는 가족들이 있는 곳까지 어떻게 가야 할까요?

도착

출발

Illustrated by Charles Jordan

통나무 다리

나무꾼 아저씨가 통나무를 밟고
반대편에 있는 오두막까지 갈 수 있을까요?

도착

출발

4

정답 66쪽

Illustrated by Bill Basso

우유 가져오기

마크는 우유가 더 필요해요.
아무것도 밟지 않고 탁자까지
갈 수 있을까요?

도착

출발

정답 66쪽

Illustrated by Frank Bolle

5

미로 정원

친구들이 집으로 무사히 갈 수 있도록 길을 찾아 주세요.

출발

정답 66쪽

Illustrated by Paul Richer

도착

7

개미집

개미들이 소풍을 가요. 늦잠꾸러기 개미 친구는 부지런히 따라가야겠지요?

정답 66쪽

잔디 깎기

할아버지가 잔디를 깎고 있어요.
필요한 연장을 갖다 줄 수 있나요?

도착

출발

정답·66쪽

누가 일등이지?

베스, 제인, 에이미가 달리기를 했어요.
리본을 따라가면 누가 일등인지 알 수 있어요.

10

정답 66쪽

양말 세탁

집에도 미로가 있어요. 양말이 세탁실까지
내려가도록 길을 찾아 주세요.

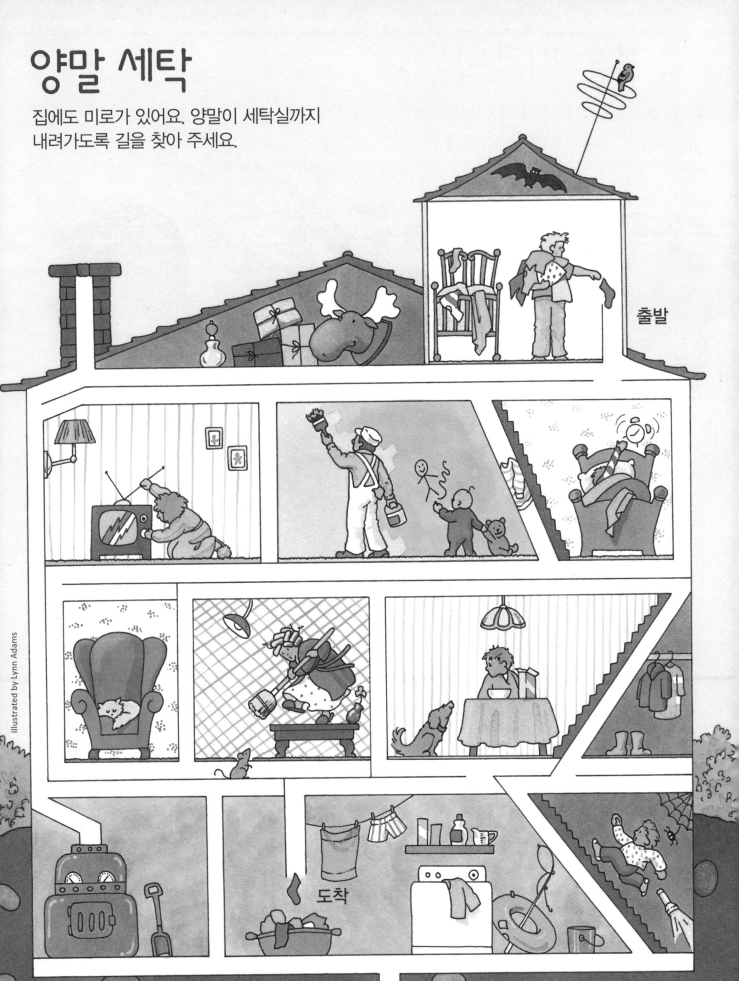

즐거운 피크닉

맛있는 점심 식사가 준비되어 있네요.
터널 길을 어떻게 가야 하는지 보여 주세요.

정답 67쪽

출발

도착

이상한 흔적

농장에 이상한 흔적이 생겼어요. 도착 지점까지 가는 길을 찾아 주세요.

출발

도착

Illustrated by Charles Jordan

블록 미로

에이미의 인형이 어디 있을까요?
에이미가 블록 미로를 통과하도록
길을 찾아 주세요.

도착

출발

14

정답 67쪽

원숭이 찾기

말썽쟁이 원숭이가 우리를 탈출했어요.
사육사가 원숭이를 찾도록 도와주세요.

출발

도착

정답 67쪽

ZOO

꿀벌들의 비행

웽웽! 꿀벌들이 집으로 돌아갈 수 있게 길을 찾아 주세요.

Illustrated by Judith Hunt

출발

도착

정답 67쪽

비 오는 날

후두둑 비가 올 것 같아요.
비가 오기 전에 켈리가 집으로 갈 수 있을까요?

Illustrated by Lynn Adams

도착

정답 67쪽

출발

17

구멍 찾기

너구리가 구멍을 제대로 찾을 수 있을까요?

출발

도착

정답 67쪽

Illustrated by Jan Pyk

깡충깡충

엄마 토끼가 아기 토끼들에게 가려면 몇 번 굴로 들어가야 할까요?
모양마다 이동 방법이 다르니 바른 길을 찾아보세요.

아래로
한 칸 이동

위로
한 칸 이동

오른쪽으로
한 칸 이동

왼쪽으로
한 칸 이동

1번 굴 2번 굴 3번 굴 4번 굴 5번 굴 6번 굴

Illustrated by Sherry Neidigh

정답 67쪽

미로 마트

엄마와 매튜는 이모 마틸다가
기다리고 있는 차까지 가야 해요.
어떤 길로 가야 할까요?

출발

출입금지

세일

정답 68쪽

20

도착

Illustrated by Paul Richer

치약 짜기

치카치카 이를 닦을 거예요.
네 친구가 각각 어떤 치약을 쓰는지 볼까요?

해리

루이스

지나

루이

A

B

C

D

Illustrated by Bill Basso

창고까지

조 아저씨가 잔디를 깎고 있어요.
그런데 기계가 고장 났네요.
창고까지 연장을 가지러 가 볼까요?

도착

출발

정답 68쪽

Illustrated by Terry Rogers

알파벳 목걸이

A부터 Z까지 순서대로 구슬을 꿰어 목걸이를 만들 거예요.
위, 아래, 왼쪽, 오른쪽, 대각선으로 이동할 수 있어요.

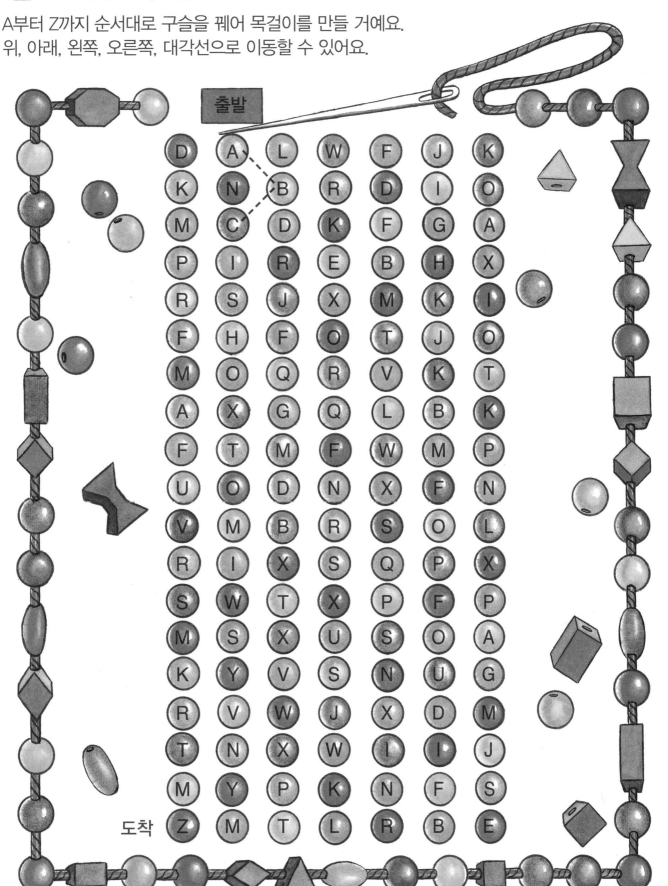

Illustrated by Jennifer Skopp

등대 고치기

등대가 고장 났어요. 등대까지 가서
전구를 바꿀 수 있을까요?

도착

출발

정답 68쪽

24

Illustrated by Charles Jordan

두더지 집

두더지에게 집으로 돌아가는 길을 찾아 주세요.

Illustrated by Robert Cuenca

정답 68쪽

너구리 가족

엄마 너구리가 물고기를 잡았네요.
헤엄쳐서 아기 너구리들에게 갈 수 있도록 도와주세요.

출발

도착

안전한 집

아기 토끼를 엄마가 있는 집으로
안전하게 데려다 주세요.

출발

당근

도착

Illustrated by Judith Hunt

정답 68쪽

아홉 개의 방

아홉 개의 방이 있어요. 강아지가 이 방들을 한 번씩만 지나
다시 자기 방으로 돌아올 수 있을까요?

Illustrated by R. Michael Palan

수도 파이프

수리공 아저씨가 수도를 고치러 왔어요.
각각의 수도가 어떤 파이프에 연결되었는지 알 수 있을까요?

Illustrated by Barbara Gray

30

정답 69쪽

얼음 미로

펭귄 페니가 물에 빠지지 않고
생일 파티에 도착할 수 있을까요?

출발

생일 파티에
오세요!

도착

정답 69쪽

Illustrated by Joe Shoopack

출발

늪지대

아기 거북이 다른 동물들을 피해
엄마 거북에게 갈 수 있도록 도와주세요

Illustrated by Arieh Zeldich

32

도착

정답 69쪽

33

집을 찾아가요

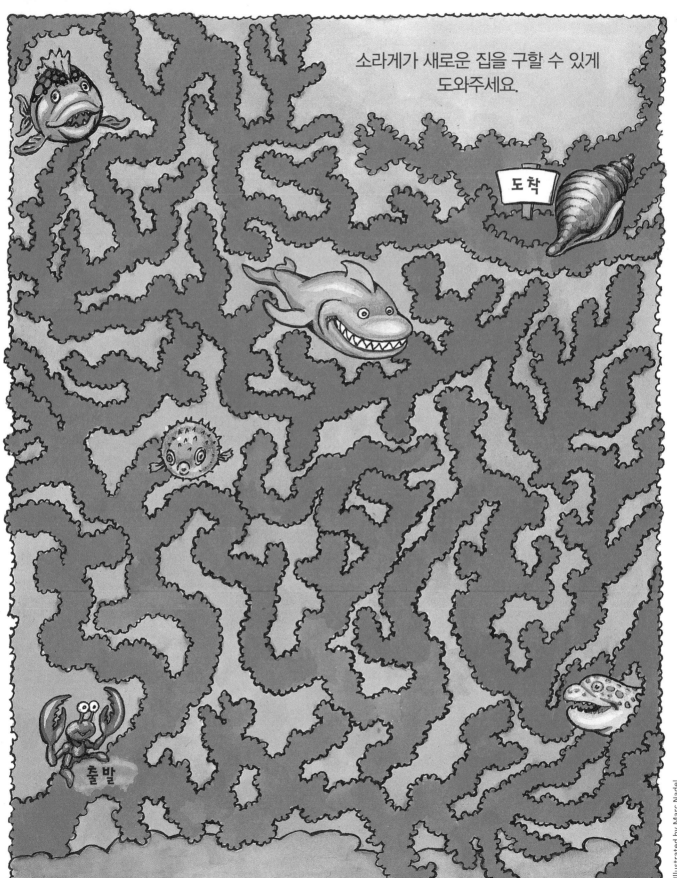

소라게가 새로운 집을 구할 수 있게
도와주세요.

도착

출발

34

Illustrated by Marc Nadel

아이스크림 미로

아이스크림이 다 녹기 전에 맨 위에서 콘 아래쪽까지 갈 수 있나요?

출발

도착

정답 69쪽

Illustrated by Cari Koerner

길을 잃었어요!

사막에서 그만 길을 잃었어요.
친구들이 기다리고 있는 집으로
놀아갈 수 있도록 도와주세요.

출발

도착

정답 69쪽

불을 켜요!

등대에 올라가
불을 밝혀야 해요.
토미가 등대까지
올라갈 수 있을까요?

출발

Illustrated by Arthur Friedman

38

정답 70쪽

보물 상자

바다 생물들을 피해 보물 상자가 있는 곳까지 가 볼까요?

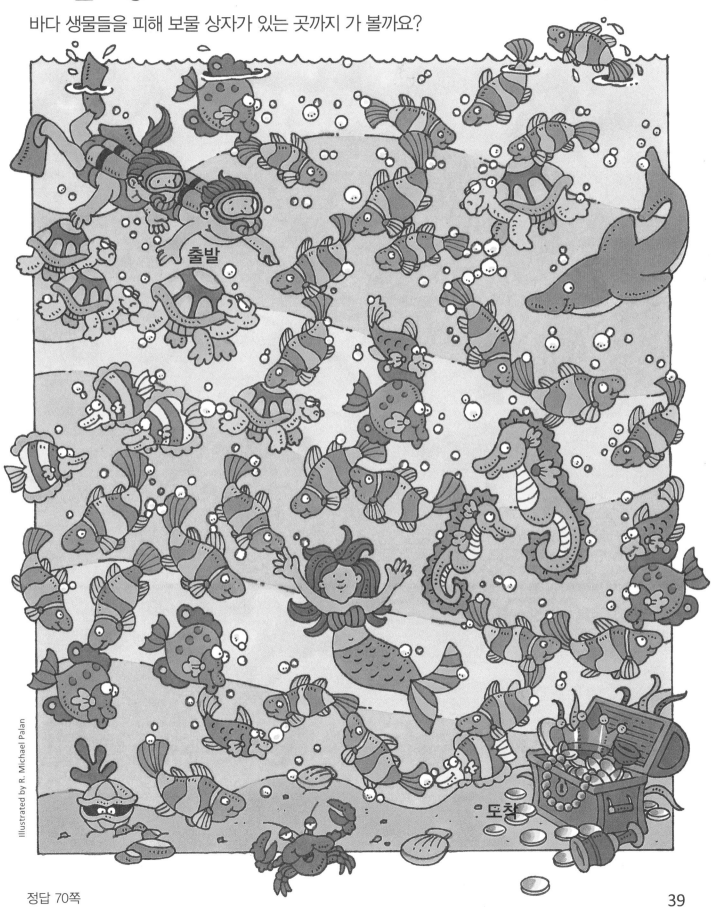

출발

도착

Illustrated by R. Michael Palan

정답 70쪽

루비의 튜브

루비가 탄 튜브가 파도와 장애물을 피해 해변까지
무사히 돌아갈 수 있도록 도와주세요.

정답 70쪽

귀여운 고양이

고양이가 물에 젖지 않고
강아지가 있는 곳까지 갈 수 있을까요?

출발

도착

정답 70쪽

41

행운을 찾아

네 잎 클로버를 통과해 보물을 찾으러 가요.

출발

도착

Illustrated by Jerry Zimmerman

정답 70쪽

안전한 착륙

열기구가 안전하게 언덕에 착륙하도록 도와주세요.

출발

도착

Illustrated by John Nez

정답 70쪽

태피 그릇 찾기

설탕 시럽으로 만든 태피를 길게 당기고 있어요.
친구들의 태피가 어떤 그릇과 연결되어 있을까요?

Illustrated by Bill Basso

44

정답 70쪽

따뜻한 집으로

집에 돌아가 맛있는 핫초코를 먹을 거예요.
돌아가는 길을 찾아 주세요.

출발

도착

Illustrated by Barbara Gray

바나나 따기

원숭이가 바나나를 따러
올라갈 수 있게 도와주세요.

도착

출발

46

Illustrated by Marc Nadel

사탕 먹기

개미가 땅 위에 있는 맛있는 사탕을 먹을 수 있을까요?

Illustrated by Frank Bolle

겁쟁이 하마

나무 뒤는 금방 들킬 거예요.
하마가 치타를 피해
연못까지 갈 수 있을까요?

출발

도착

48

정답 71쪽

Illustrated by Rich Johnson

소방관과 호스

소화전에 제대로 연결된 호스를 든 소방관은 누구인가요?

Illustrated by Bill Basso

카누 여행

카누를 탄 친구들이 선착장까지 돌아갈 수 있게 도와주세요.

Illustrated by Charles Jordan

바다 밑 세상

가재는 친구가 필요해요. 꽃게가 있는 곳까지 갈 수 있을까요?

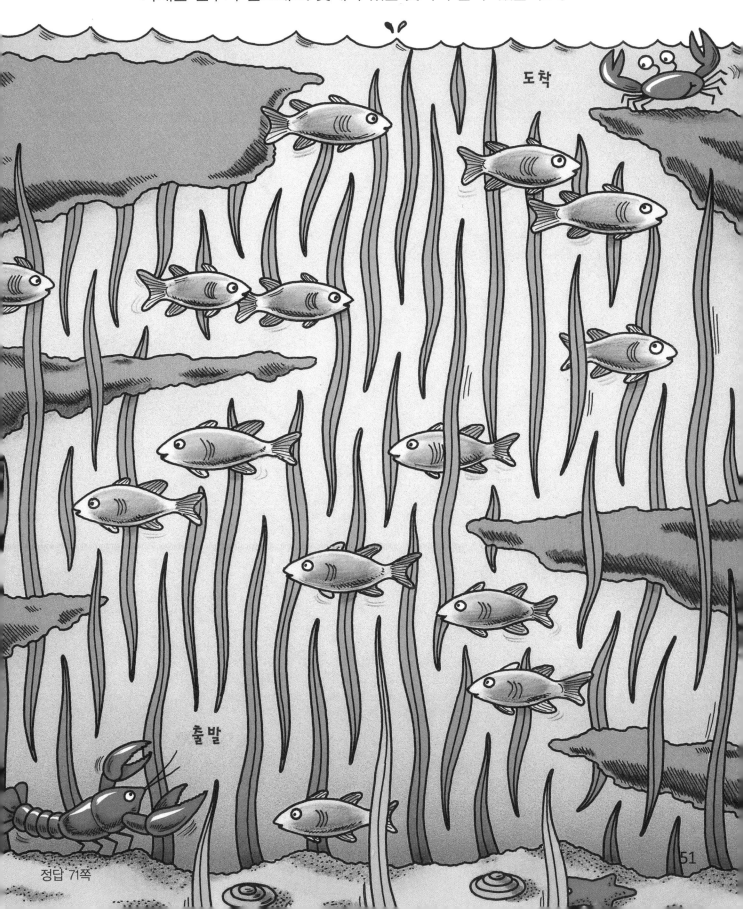

도착

출발

정답 71쪽

51

야영하기

날이 어두워지기 전에 텐트가 있는
야영장으로 갈 수 있게 도와주세요.

출발

도착

정답 71쪽

Illustrated by George Fryer

도마뱀과 연잎 다리

연잎으로 된 다리를 지나 통나무까지 갈 거예요.
한 번에 한 잎씩 이동해요. 대각선으로는 갈 수 없어요.

도착

출발

모자는 어디에?

눈사람에게도 모자를 씌워 주고 싶어요.
모자를 찾을 수 있을까요?

도착

출발

54

Illustrated by Charles Jordan

닭장까지

닭이 장애물들을 피해
닭장까지 갈 수 있게 도와주세요.

정답 71쪽

Illustrated by Charles Jordan

외양간 가는 길

젖소가 울타리를 통과해
외양간까지 무사히 돌아갈 수 있을까요?

정답 72쪽

말썽쟁이 살쾡이

엄마 살쾡이가 말썽쟁이 아기 살쾡이를
찾을 수 있게 도와주세요.

출발

도착

Illustrated by Lynn Adams

스노보드 타기

펭귄이 스노보드를 타고 도착 깃발이 있는
곳까지 가도록 도와주세요.

출발

도착

Illustrated by R. Michael Palan

정답 72쪽

출발, 오스카!

느림보 달팽이 오스카가
중심까지 갈 수 있게
도와주세요.

우주 기지

강아지와 함께 기지까지
돌아갈 수 있을까요?

도착

출발

정답 72쪽

시계 미로

시계 속에 복잡한 미로가 있어요.
미로를 통과해 보세요.

출발

도착

Illustrated by Sherry Neidigh

정답 72쪽

멈추지 마!

자전거를 타고 체육관까지 멈추지 않고 갈 수 있을까요?

출발

멈춤

멈춤

멈춤

멈춤
멈춤

멈춤

멈춤

멈춤

멈춤

도착

체육관

정답 72쪽

Illustrated by Pat Merrell

해파리

작은 물고기가 해파리를 통과해
큰 물고기에게 갈 수 있게 안내해 주세요.

출발

도착

Illustrated by T. F. Cook

정답 72쪽

63

발자국과 사물함

토끼 유치원 친구들이에요.
발자국을 따라가면 사물함 번호를 알 수 있어요.

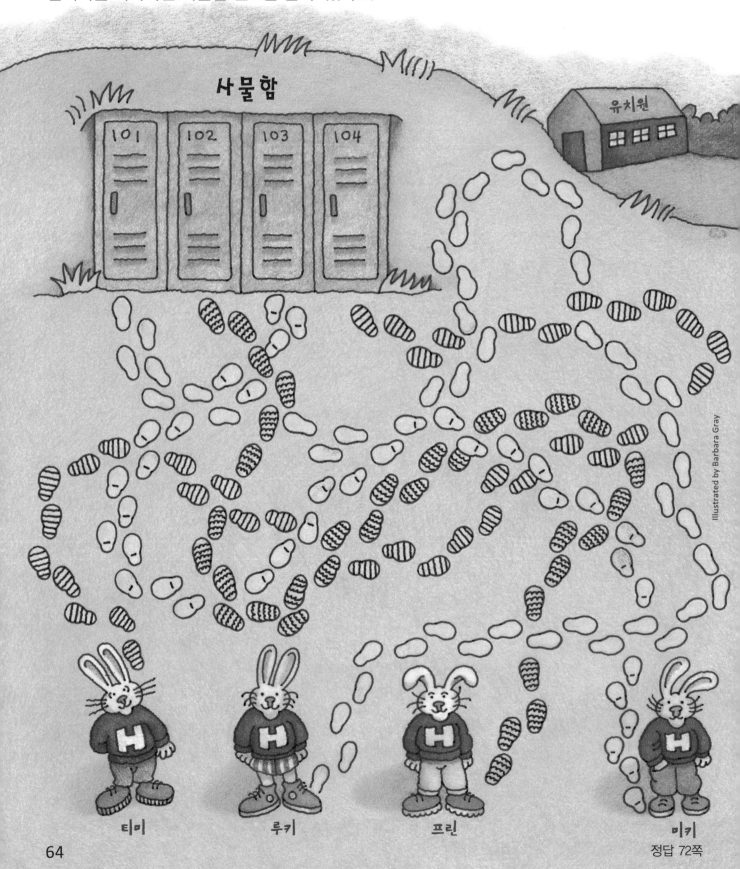

64

정답 72쪽

여왕개미는 어디 있죠?

여왕개미가 있는 곳까지 음식을 어떻게 배달할까요?

정답

3쪽

4쪽

5쪽

6-7쪽

8쪽

9쪽

10쪽
1등-제인
2등-에이미
3등-베스

11쪽

12쪽
다른 길도 있으니 찾아보세요.

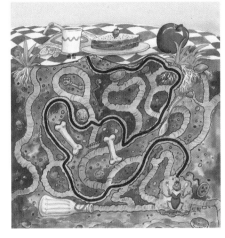

13쪽

14쪽

15쪽

16쪽

17쪽
다른 길도 있으니 찾아보세요.

18쪽

19쪽

67

20쪽

21쪽

해리-A
루이스-C
지나-D
루이-B

22쪽

23쪽

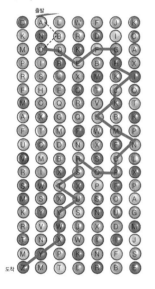

24쪽

25쪽

26-27쪽

28쪽

29쪽

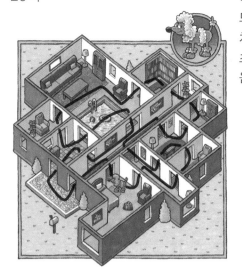

30쪽

뜨거운 물-2
차가운 물-4
초콜릿 소스-1
음료수-3

31쪽

32-33쪽

34쪽

35쪽

36-37쪽

38쪽

39쪽

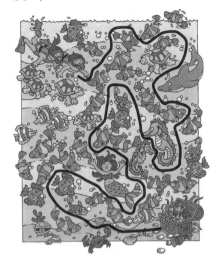

40쪽

41쪽

42쪽

43쪽

44쪽

45쪽

46쪽

70

47쪽

48쪽

49쪽

3번 모자를 쓴 소방관이 연결되어
있어요.

50쪽

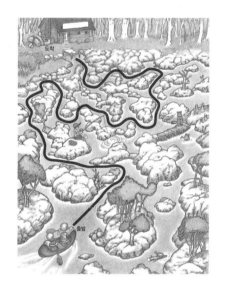

51쪽

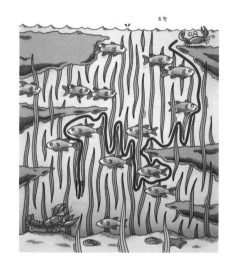

52쪽

53쪽

54쪽

55쪽

56쪽

57쪽

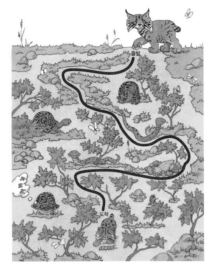

58쪽

59쪽

60쪽

61쪽

62쪽

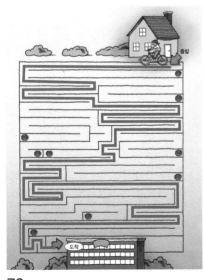

63쪽

64쪽
티미-104
루키-101
프린-102
미키-103